Muchas gracias por su compra
Estamos comprometidos con su satisfacción
y agradecemos sus comentarios

Aa

los Animales

el Águila

la Araña

la Abeja

el Abrigo

el Árbol

el Agua

el Albaricoque

el Aceite

el Armario

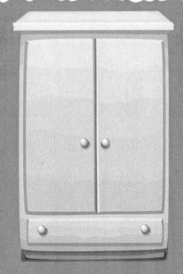

el Arco iris

el Avión

el Ala

la Aguja

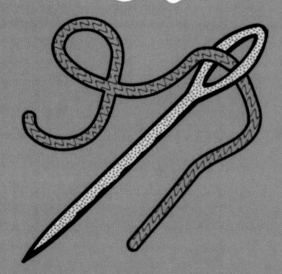

el Anillo

B b

la Bicicleta

la Botella

la Bandera

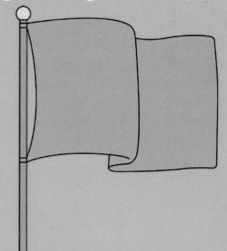

el Bote

el Burro

la Ballena

el Bolígrafo

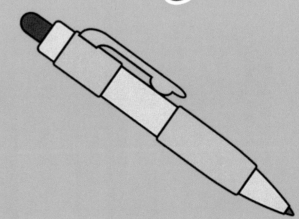

la Carne

la Cuchara

el Cuchillo

la Comida

la Calabaza

el Cocodrilo

el Ciervo

el Camello

el Conejo

la Cebra

el Caracol

la Cabra

el Cuervo

el Cerdo

el Caballo

la Cola

la Cigüeña

la Cama

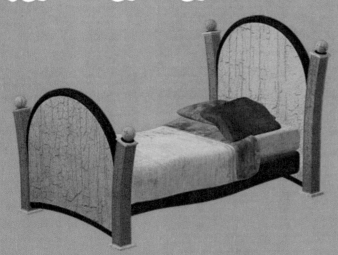

la Corona

la Casa

el Corazón

la Chaqueta

el Calcetín

el Camino

el Coche/Carro

el Camión

la Cebolla

el Cielo

la Cartera

Dd

el Delfín

Gordo

Delgado

el Desayuno

el Dulce
el Caramelo

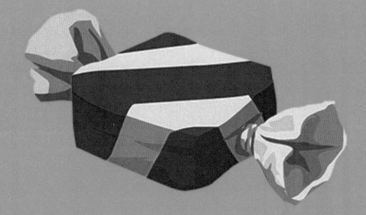

el Dinero

Ee

la Escoba

la Espalda

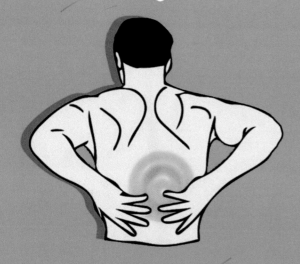

el Elefante

el Escritorio

la Espada

Ff

el Florero

la Flor

la Fruta

el Fuego

la Flecha

Gg

el Gato

la Gallina

el Gallo

los Guantes

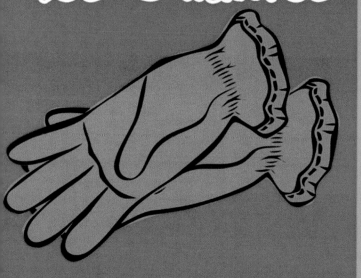

el Gusano

Hh

el Huevo

el Hielo

el Helado

la Hormiga

el Hacha

Ii

la Isla

el Imán

la Imagen

el Insecto

la Idea

Jj

la Jirafa

el Jugo

el Jardín

el Juguete

las Joyas

Kk

el Koala

Ll

la Luna

el Libro

la Leche

el Limón

el Lobo

la Llave

el León

la Lluvia

la Lámpara

Mm

el Melocotón

el Mono

la Mariposa

la Mosca

la Manzana

el Martillo

el Muro/la Pared

el Mar

la Montaña

el Mensaje

la Maleta

el Mapa

la Mesa

la Muñeca

la Miel

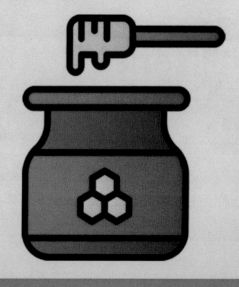

la Mermelada

el Molar

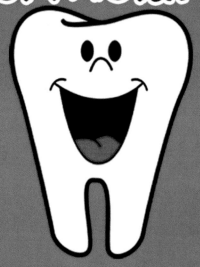

Nn

la Naranja

los Niños

la Noche

la Nieve

la Nube

Oo

la Oveja

el Oso

la Oca

Pp

el Payaso

el Pastel

el Pan

el Plátano

la Piña

el Plato

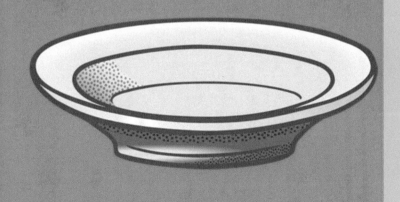

la Pera

el Pirata

la Planta

la Puerta

la Pluma

la Pelota

el Pantalón

el Pato

el Perro

el Paraguas

el Pozo

el Pulpo

el Pescado

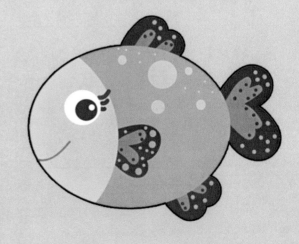

la Paloma

el Pájaro

el Pavo

el Palacio

Qq

el Queso

Rr

el Rey

la Rueda

el Refrigerador

la Reina

la Regla

el Regalo

el Reloj

el Ratón

la Rana

Ss

la Serpiente

el Sol

el Sombrero

la Sandía

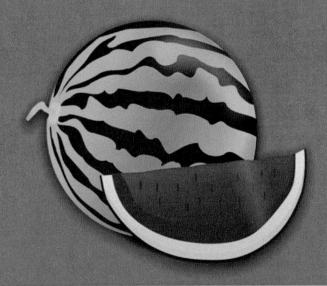

la Silla

el Sacapuntas

el Sonido

Tt

el Teléfono

las Tijeras

el Tambor

el Tren

la Tierra

el Toro

el Tigre

el Tiburón

la Tortuga

la Uña

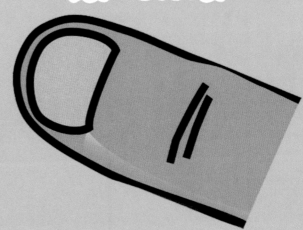

Uu

Vv

la Vaca

la Ventana

la Verdura

la Vela

el Vagón

el Vestido

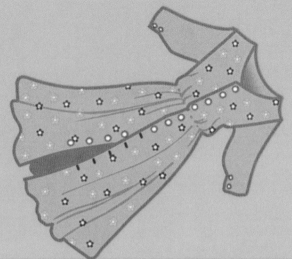

el Volcán

W w

el Wáter/Inodoro

WC | WC

X x

el Taxi

Yy

el Yogur

Zz

el Zorro

la Zanahoria

el Zapato

los Colores

los Días

Semana

Domingo

Lunes

Martes

Miércoles

Jueves

Viernes

Sábado

el Cuerpo Humano

la Cabeza

el Cuello

el Hombro

la Mano

el Brazo

la Barriga

el Dedo

la Rodilla

la Pierna

el Pie

la Cara

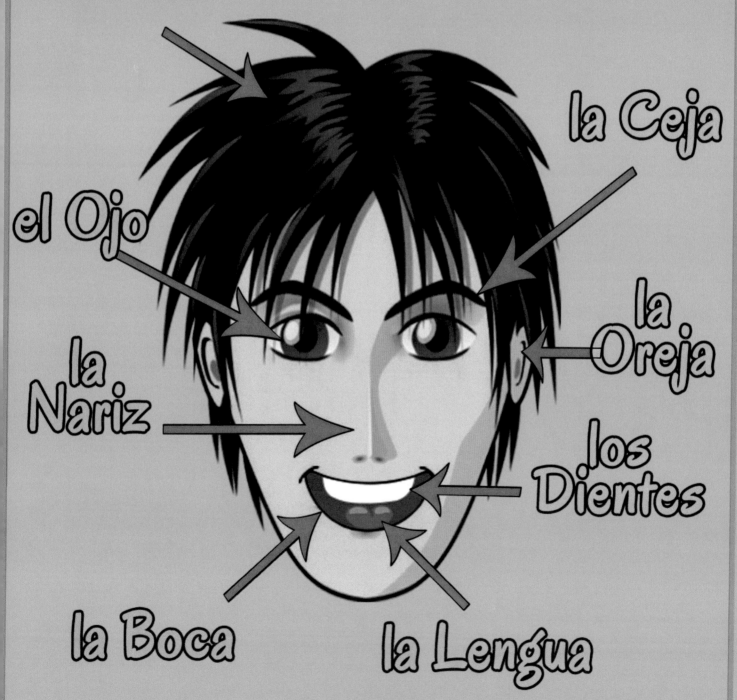

el Pelo

la Ceja

el Ojo

la Oreja

la Nariz

los Dientes

la Boca

la Lengua

las Formas

el Cuadrado

el Triángulo

el Círculo

la Estrella

el Rectángulo

el Cubo

el Rombo

El Cono

el Cilindro

la Familia

el Padre

la Madre

la Abuela

la Hija

el Bebé

el Hijo

el Abuelo

Made in the USA
Las Vegas, NV
27 April 2024

89213898R00029